Schritte zum eigenen Heim

Heinrich-Andreas Makiela

Schritte
zum eigenen Heim

Tipps und Empfehlungen

für zukünftige Bauherren

Bibliografische Information der Deutschen Bibliothek:
Die Deutsche Bibliothek verzeichnet diese Publikation in der Deutschen
Nationalbibliografie; detaillierte Daten sind im Internet über
<http://dnb.ddb.de> abrufbar.

© 2006 Heinrich-Andreas Makiela
Herstellung und Verlag: Books on Demand GmbH, Norderstedt
ISBN 3-8334-4818-0

Inhaltsverzeichnis

Vorwort

Die Tipps und Empfehlungen für zukünftige Bauherren, die ich in 17 Schritten zusammenfasste, sollen den zukünftigen Bauherren als Wegweiser auf dem Weg zum eigenen Heim dienen. Wegweiser zeigen Wege an und geben auch Angaben über ein Wissensgebiet bzw. dienen als Leitfaden für ein Ziel – hier zum eigenen Heim.

Man kann Wege gemäß Wegweiser antreten oder auch diese außer Acht lassen, dann aber weiß man nicht, ob man am gewünschten Ziel gut ankommt.

Den Begriff:
> *„Tipps und Empfehlungen für zukünftige Bauherren"*

kann man auch anders definieren, und zwar:
> *„Schritte zum eigenen Heim"*

Den Weg zum eigenen Heim bin ich dreimal gegangen. Viele meiner Schritte auf dem zweiten Weg waren sehr schmerzhaft. Öfter bedauerte ich, dass ich den Weg schon nach den ersten schmerzenden Schritten nicht abgebrochen hatte. Den schmerzhaften und unfreundlichen Begleiter auf dem zweiten Weg betrachtete ich als Pech bzw. als Schicksalsschlag. Aber ich ging ungebeugt immer und immer weiter, denn ein „Löwe" kann seine Niederlagen in Siege verwandeln.

Die 17 Schritte zum Bau eines eigenen Heimes beschreibe ich hier und ausführlicher, in Anlehnung an private Erfahrungen und Erlebnisse als Bauherr (dreimal Bauherr) und so auch an berufliche Erfahrungen (Anlagenbauplaner, Anlagenbauausführung), in meinem Buch unter dem Titel:

> *„Traumhaus? – Ein langer Weg vom Mieter zum Traumhaus und zurück."*

Auf meinem zweiten Weg zum Traumhaus stellte ich mir jedoch oft die Frage: „Warum passiert das mir?" Aber ich war doch nicht der Einzige und auch nicht der Letzte, dem so was passierte. Eines Tages stellte ich mir wiederum die Frage:

„Wozu können meine Erlebnisse als Bauherr gut sein?"
„Kann ich das Problem lösen und daraus etwas machen?"

Ich habe doch einiges daraus gemacht. Den stolprigen, kämpferischen und schmerzhaften Weg erfolgreich zu Ende gebracht. Heute, bei der Durcharbeitung dieser Erlebnisse und Erfahrungen stelle ich fest, dass ich nicht nur zum kundigen Fachmann der Eigenheim-Baubranche geworden bin, sondern ich kann auch all denen, die Häuser für andere bauen wollen, zeigen, wie ein Haus gemäß der DIN-Normen, Bau-Verordnungen, Stand der Technik usw. zu erstellen ist, und auch, wie ein Bauherr sich zur Wehr setzen kann. Weiter kann das auch den zukünftigen Bauherren als Berater dienen. Denn:

„Es gibt wohl Menschen, die etwas davon abhaben wollen."

In meinem Buch „Traumhaus?" beschreibe ich das Traumhaus mit den Vorteilen, Nachteilen und Risiken. Ich beschreibe und nehme Stellung zu einigen Mängeln. Zeige einige Abbildungen der Beanstandungen bzw. Mängel. Somit zeige ich, wie der Weg zum eigenen Heim aussehen kann bzw. soll.

Einen hundertprozentigen Weg aber, ohne Ärger, Überraschungen usw., gibt es heute wohl nicht. Auf so einem Weg zum eigenen Heim sollte man nicht solche Begleiter wie Obergerichtsvollzieher, Rechtsanwälte, Sachverständige, Gerichte usw. kennen lernen.

Dass ich einigen Menschen, die mit Eigenheimbau zu tun haben, Ratschläge geben kann, vor allem im fachlichen und rechtlichen Bereich, zeigt, dass ich es war, der den Maklern, dem Architekten und all den anderen Fachleuten vom Bau, teilweise mithilfe des Rechtsanwalts, des Gerichts, der sieben Sachverständigen usw., ihre Pfuscharbeiten in meinem Haus nachgewiesen habe und juristisch richtig gegen sie vorgegangen bin.

So verfüge ich heute über genügend Erfahrung, um zukünftige Bauherren über ihre Eigenheim-Bauvorhaben ausreichend zu informieren, z. B. bei wem und welches Eigenheim man kaufen oder bauen sollte, die Absicherung des Bauvorhabens, Überwachung und Abwicklung des Kauf- bzw. Bauvertrages, Baufortschritt, Kontrollen, Abnahmen (Roh- und Schlussabnahme) usw.

Häufig wurde ich gefragt, welchen Tipp ich künftigen Bauherren geben könnte. Dies habe ich hier unter dem Titel:

„Schritte zum eigenen Heim"
Tipps und Empfehlungen für zukünftige Bauherren

und das nur kurz in 17 großen und mehreren kleinen Schritten zusammengefasst.

März 2006
Heinrich-Andreas Makiela, Ing.

1. Schritt

Eigenheim? Finanzen? Ärger!

Dass ein „Haus" eine Unterkunft, ein Heim ist, das weiß wohl jeder. Und auch, dass ein Eigenheim ein Einfamilienhaus ist, das vom Hauseigentümer selbst bewohnt wird. Zunächst einmal sollte man gut überlegen, ob man wirklich ein Eigenheim (Haus) braucht und ob man sich ein solches Vorhaben finanziell leisten kann.

Viele „Träumer von einem Eigenheim" glauben nämlich den Behauptungen bzw. lassen sich von einigen Maklern, Banken, Herstellern der Eigenheime usw. schön zureden, dass es vernünftiger und besser wäre, einen Kredit (Hypothek) aufzunehmen und mit dem Geld ein Eigenheim bauen zu lassen oder zu kaufen, statt Miete für eine Mietwohnung zu zahlen.

In manchen Fällen mag das zutreffen, aber letztlich ist es eine Frage des Eigenkapitals, das mindestens 30% des Kaufpreises sein muss. Oft ist es jedoch so, dass die Hypotheken-Zinsen höher sind als die Kosten einer Mietwohnung.

Zum Kaufpreis kommen noch Ausgaben wie: Gebühren für die Baugenehmigung, Grundbucheintragung, Notarkosten, Grunderwerbsteuer, Versicherungen während der Bauphase, Umzug usw., und das alles macht um die zehn Prozent des Kaufpreises aus.

Schon bei der Bauplanung an einen Blitzschutz (Blitzableiter) denken. Denn an Blitzschutz denkt von denen, die mit dem Verkauf bzw. Bau eines Eigenheimes zu tun haben, keiner. Und Blitzschäden nehmen immer mehr zu, weil es heute in den Haushalten immer mehr elektronische und empfindliche Geräte gibt. Wenn ein Blitz ins Haus einschlägt, kann das gefährlich und zugleich teuer werden.

Also: Erdungsanlage einbauen lassen, denn gesetzlich ist Blitzschutz in Privatbauten nicht vorgeschrieben.

Nach dem Einzug kommen noch solche Ausgaben hinzu wie: Hypotheken-Zinsen, Tilgung des Darlehens, Versicherungen, Wasserverbrauch / Kanal-benutzungsgebühren, Grundsteuer, Straßenreinigung, Schornsteinfeger usw. Schließlich noch die Ausgaben, die mit dem Haus (Reparatur, Reno-vierung usw.) und dem Garten (Geräte, Dünger usw.) verbunden sind. Dazu noch Strom, Heizung, Telefon, TV-Gebühren usw.

Wenn es dann an Geld fehlt, weicht die Freude am Eigenheim bald der Sorge und dem Ärger. Ärger kann es auch mit den Nachbarn geben, während in einer Mietwohnung der Vermieter durch die Hausordnung schon manches geregelt hat.

2. Schritt

Arbeit mit Eigenheim verbunden? Eigentumswohnung?

Hierzu muss ich erwähnen, dass man nicht nur ein Haus kauft und bezieht, in dem man einige Freiheiten hat. Denn mit dem Kauf eines Eigenheimes kauft man auch viel Arbeit, die mit einem Haus verbunden ist. Nun, man sollte sich überlegen, ob man mit den anfallenden Arbeiten im / am Haus und im Garten zurechtkommt.

Mit dem Kauf einer Eigentumswohnung entfallen so die persönlichen Arbeiten am Haus und im Garten. Häuser mit Eigentumswohnungen werden meistens durch eine Hausverwaltung verwaltet, und so sind die Haus- und Gartenarbeiten dann durch einen Hausmeister bzw. durch eine beauftragte Firma, im Auftrag der Hausverwaltung, erledigt. So eine Hausverwaltung und die Arbeiten im und am Haus kosten viel Geld, welches die Eigentümer bezahlen müssen.

Vorteilhafter wäre es, man würde zunächst einmal ein Haus oder eine Eigentumswohnung mieten, um selbst zu prüfen, ob man mit solchen Belastungen zurechtkommt.

3. Schritt

Älteres Eigenheim? Neu erbautes Eigenheim?
Neu zu erstellendes Eigenheim?

Ist man schließlich doch entschlossen, ein Eigenheim zu kaufen, sollte man sich überlegen, ob man ein älteres, ein neu erbautes oder ein neu zu erstellendes Eigenheim kauft.

3.1 Älteres Eigenheim

Kauft man ein älteres Eigenheim, so sieht man, was man kauft. Abgesehen von den meist günstigen Preisen kann man notwendige Renovierungsarbeiten, Umbauten oder Verschönerungen selbst ausführen oder in eigener Regie ausführen lassen.

3.2 Neu erbautes Eigenheim

Kauft man ein neu erbautes Eigenheim, das fertig zum Verkauf angeboten und zum Einzug fertig erstellt ist, so kann man es besichtigen und es in Ruhe unter die Lupe nehmen. Zu der Besichtigung kann man auch einen Fachmann zu Rate ziehen und sich in Ruhe zum Kauf entscheiden.

3.3 Neu zu erstellendes Eigenheim

Kauft man aber ein noch zu erstellendes Haus, mit einem Grundstückskaufvertrag (wie ich eine Doppelhaushälfte gekauft hatte und in meinem Buch „Traumhaus?" beschreibe), kann man noch, wenn auch begrenzt, auf die Gestaltung und Ausstattung des Hauses, z. B. auf die räumliche und farbliche Gestaltung oder auch auf bessere Ausstattung, Einfluss nehmen.

Beim Kauf eines noch zu erstellenden Eigenheimes, wo man schon während der Bauzeit gemäß Grundstückskaufvertrag Zahlungen leisten muss, geht man ein Risiko ein. Es liegt darin, dass man vorher nicht weiß, ob es später zu Beanstandungen der Ausführungsleistungen kommt. Solche Beanstandungen will der Verkäufer (Auftragnehmer) nicht sehen. So einen Fall erlebte ich mit dem Kauf der Doppelhaushälfte.

4. Schritt

Neu zu erstellendes Eigenheim? Keller? Dach? Fassade? Rohbau?

Man entschließt sich, in einem Haus zu wohnen, das neu erstellt werden soll. Jetzt stellt sich die Frage, was für ein Haus es sein soll, ein:

„Schlüsselfertiges Haus mit Baugrundstück?"
oder
„Schlüsselfertiges Haus gebaut auf einem
vorhandenen Baugrundstück?"
dann ein
„Freistehendes Haus?"
eine
„Doppelhaushälfte?"
ein
„Reihenhaus?"

Nach meinem Rat soll es möglichst ein freistehendes Haus sein.

4.1   Schlüsselfertiger Hausbau mit Baugrundstück?

4.1.1   Reservierungsvereinbarung

Schlüsselfertige Häuser mit Baugrundstück verkaufen meistens Immobilienmakler. Beim Besuch eines Maklerbüros, mit der Absicht ein Haus zu kaufen, erwartet er, mit dem Kaufinteressenten eine Reservierungsvereinbarung abzuschließen und Hinterlegung einer Reservierungsgebühr. Die Reservierungsgebühr liegt meistens in Höhe von 1 % des Hauspreises. Zieht sich der Kaufinteressent nach der Reservierungsvereinbarung, aus welchem Grund auch immer, von seinen Kaufabsichten zurück, geht die Reservierungsgebühr meistens verloren.

Nach meinem Rat soll der Kaufinteressent auf keinen Fall eine Reservierungsvereinbarung abschließen und so auch keine Reservierungsgebühr hinterlegen, denn danach hat der Kaufinteressent keinen Einfluss auf eventuelle Änderungen der Kaufvertragsbedingungen im notariellen Grundstückskaufvertrag.

4.1.2 Grundstückskaufvertrag

Ein weiterer Schritt zum Kauf eines schlüsselfertigen Hauses mit Baugrundstück ist der Abschluss eines notariellen Grundstückskaufvertrages, der oft nicht das Papier wert ist, auf dem er verfasst ist. Verträge sind meistens nicht transparent genug für den Bauherrn/Käufer. Meistens sichern die Verträge nur den Vertragsnehmer ab.

Nach meinem Rat soll der Kaufinteressent auf keinen Fall einen notariellen Grundstückskaufvertrag mit den Maklern abschließen, da hierdurch keine Sicherheit auf Herstellung eines mängelfreien Hauses besteht, weiterhin keine Garantie des Festpreises und keine Garantie auf die Bodenqualität des Baugrundstücks.

Wenn man sich doch für den Abschluss eines notariellen Grundstückskaufvertrages entschlossen hat, dann ohne folgenden Satz/Klausel:

„Änderungen bleiben vorbehalten, wenn sie notwendig sind."

Sonst kann der Bauunternehmer nämlich so bauen, wie es für ihn am billigsten ist, und nicht, wie es der Kunde eigentlich erwartet. Weiter nur mit einer

„Rücktrittsrecht-Klausel"

im Vertrag, und dass für den Fall der Preiserhöhung und bei Nichterhalt der Vertragszusicherungen (Baueigenschaften). Auch mündliche Zusagen sind verbindlich. Am besten immer einen Zeugen zu allen Besprechungen mitnehmen.

Baugrundstück?
Betreffend ein Baugrundstück siehe hier unter 4.2.1.

4.2 Ein Haus bauen lassen auf einem vorhandenen Baugrundstück?

4.2.1 Baugrundstück

Wenn der angehende Bauherr kein Baugrundstück besitzt, muss er eines kaufen. Aber: Ein Bauherr sollte vor dem Kauf eines Baugrundstücks unbedingt die Beschaffenheit des Bodens durch einen Gutachter überprüfen lassen. Denn ein Baugrundstück kann später für erheblich höhere Baukosten sorgen. Z. B.:

Bei hohem Grundwasser (Schwimmsand)

müssen die Kelleraußenwände wasserdicht abgedichtet werden und um das Haus herum entsprechende Entwässerungsrohre ausgelegt werden.

Bei felsigem Untergrund

muss der Boden für den Aushub mit entsprechenden Maschinen bearbeitet werden.

Bei schädlichen Altlasten im Boden

kann der Bauherr nur, der Gesundheit zuliebe, Abstand vom Kauf eines solchen Baugrundstückes nehmen.

Man sollte auch im Bauaufsichtsamt bzw. im Rathaus nachfragen, ob man auf dem zum Verkauf angebotenen Grundstück überhaupt bauen darf. Wenn ja, dann mit welchen Auflagen. Das Bauamt legt nämlich, gemäß einem Bebauungsplan, vieles fest. Abweichungen vom Bebauungsplan sind manchmal erlaubt, und das nach einem gestellten Antrag, dessen Bearbeitung lange dauern kann, was wiederum nicht kostenlos ist.

Hat man sich entschlossen, ein neues Haus auf schon vorhandenem Baugrundstück zu bauen, so sollte man sich über die Baufirma und den Architekten genauestens informieren. Zum Beispiel: wie lange die Firma schon existiert, welche Bauten sie schon erstellt hatte usw.

4.3   Hausbau?

Hausbau bedeutet das Errichten von Häusern (Gebäuden). Ein Haus wird also errichtet. Hierzu stellen sich die Fragen:

Wie soll das Haus aussehen?

In welcher Bauweise soll es erstellt werden?

Aus welchem Baumaterial soll es erstellt werden?

4.3.1   Wie soll das Haus aussehen?

Beim Kauf eines schlüsselfertigen Hauses mit Baugrundstück, wie ich schon berichtete, kann der Bauherr selbst nicht bestimmen, wie sein Haus aussehen soll. Denn der Verkäufer bzw. die Baufirma hat schon meistens die Baugenehmigung, und so ist die Planung längst abgeschlossen. Der Käufer bzw. der Bauherr kann nur einige Änderungen in der Ausstattung und eventuell räumliche Änderungen vornehmen, die die Baustatik des Hauses nicht verändern. Alle Änderungen, die man hierzu vornehmen will, nennt man Sonderwünsche. Sonderwunschausführungen sind sehr teuer und bringen auch viel Ärger mit sich.

4.4 Bauweise

Öfter hört bzw. liest man in Offerten:

„Haus in Massivbau" (Stein auf Stein)

oder auch

„Fertighaus"

4.4.1 Massivbau

Unter Massivbau versteht man ein Haus, wo Mauerwerk aus Steinen und Mörtel (Baumaterial) erstellt ist. Die Hausbau-Erstellungsbezeichnung

„Massivbau"

in einer vertraglichen Baubeschreibung sagt nur, dass das Haus aus Steinen erstellt wird. Aber diese Angabe ist nicht vollständig. Es muss genau angegeben bzw. beschrieben werden, was das für Mauersteine sind:

Ziegel, Blocks usw.

und aus welchem Material sie bestehen: gebrannter Ton, Beton, Kalksteine usw., mit Angabe der Bezeichnung und Maße. Dazu gibt es auf dem Markt eine große Zahl nicht genormter Mauersteinarten, welche einer bauaufsichtlichen Zulassung bedürfen. In der notariellen Baubeschreibung meines Traumhauses (Doppelhaushälfte) ist nur zu lesen:

„Das Gebäude wird in Massivbauweise errichtet."

Die Massivbauweise der Außenwände sah dann wie folgt aus: 24 cm Kalksandsteine – von innen Gipsputz, von außen 6 cm dicke angeklebte Styroporplatten. So einen Mauerwerkkörper betrachte ich nicht als eine

„Massivbauweise".

Unter Massivbau verstehe ich z. B. eine ca. 38 cm starke Außenmauer – 1 ½ Steindicke (übereinander liegende Schichten mit gegeneinander versetzten Stoßfugen).

Eine notarielle Baubeschreibung muss das Mauerwerk in Massivbau genauer beschreiben und nicht nur die Steine erwähnen (Stein auf Stein), sondern auch Art des Mauermörtels, Art des Mauerwerksverbandes, mit genauen Angaben zur Stärke des Mauerwerks (Steindicke? ½ Steindicke, 1-Steindicke, 1 ½-Steindicke usw.). Und nicht so, dass die Bauzeichnungen eine Dicke des Mauerwerks von 30 cm zeigen und davon sind dann: 24 cm = 1-Steindicke + 6 cm dicke Styroporplatten.

Die Außenmauer des Hauses, das ich vor 45 Jahren gebaut hatte, ist ca. 38 cm stark (1 ½-Steindicke).

Die Mauerbauart – 38 cm stark – ist heutzutage beim deutschen Häuserbau fast nicht mehr vorzufinden. Warum nicht? Heute müssen die Mauern schnell zum Himmel wachsen, und so haben sich die Mauerbau-Methoden geändert, und diese Mauerbauart heißt dann auch richtig:

„Stein auf Stein"

Es werden Steine auf Steine gestellt, und diese müssen groß sein, damit das Mauerwerk schnell erstellt wird. Die Steine heißen nicht mehr Ziegelsteine, sondern: Betonblock, Hohlblock, Gasbetonblock usw.

Der Maurer arbeitet meistens statt mit der Kelle mit der Schaufel, und von den schweren Blöcken bekommen die Maurer Bandscheibenvorfälle bzw. -schmerzen. Die Mauerblöcke sind nicht zusammenverbunden, sondern aufeinander verschoben, meistens mit viel zu wenig Mauermörtel zusammengebunden. Man könnte sagen eine Bauart zwischen

Nass- und Trockenmauerwerk.

Im Rohzustand ist so ein Mauerwerk in vielen Punkten transparent und man kann von innen nach außen sehen. Natürlich ist die Mauer nach dem Innen- und Außenputz des Mauerwerks nicht mehr transparent, aber die Steine bzw. Blöcke sind nicht fest genug zusammengebunden, und bei leichter Erschütterung können Risse in den Wänden zum Vorschein kommen.

4.4.2   Fertighaus

Unter Fertighaus versteht man ein Haus, das überwiegend aus vorgefertigten Montageelementen (Beton oder Holz) erstellt ist. Diese Montageelemente sind im Werk erstellt und auf der Baustelle zusammenmontiert, danach folgt der Innenausbau. Bei Bestellung eines Fertighauses kann der Bauherr selbst bestimmen, wie sein Eigenheim von außen und räumlich aussehen soll. Hierzu bedarf der Bauherr nur eines Baugrundstückes und der Einholung einer Bau-Voranfrage bei der zuständigen Baubehörde, wegen den vorgeschriebenen Bauauflagen.

Die Außenwand eines Fertighauses (Holzkonstruktion) ist zwar ca. 24 cm stark, besteht aber aus Massivholz-Fachwerkkonstruktion mit Mineralfaserdämmstoff, weiter aus einer Luftschicht (Klimazone). Die Außenwand, nach Wunsch des Bauherrn, kann in verschiedenen Ausführungsarten ausgeführt werden (Sandstein oder auch Styroporplattenwand) – mit Unterputz, mit Reibeputz und mit Farbe gestrichen, weiter mit Klinkerziegel usw. Bei allen Ausführungen kann die Giebelscheibe auch mit Holz verkleidet werden. Aus Erfahrung bin ich persönlich für ein Fertighaus aus Holz.

Stein?

Stein ist Stein, und Stein ist kalt, aber von außen beständiges Material. Stein ist eigentlich ein Ersatz-Baumaterial für Holz.

Holz?

Holz ist Holz, und Holz ist ein Produkt der Wärme, der Sonne, so ist Holz von innen angenehmer und wärmer. Holzarten: Eiche, Esche, Fichte und Kiefer eignen sich gut für ein Haus, in dem man sich wohl fühlen kann. Holz hat eine lange Lebensdauer, wirkt feuchtigkeitsregulierend, atmungsaktiv, wärmedämmend.

Vorteile!

a. – Fertighäuser erstellen meistens große Firmen, mit viel Hausbau-Erfahrung und zu festen Preisen; sogar mit einer 100-jährigen Garantie.

b. – Die Bauzeit kann um ca. 6 Monate verkürzt werden. In Holzhäusern ist es im Winter wärmer und im Sommer kühler. Steinhäuser entstanden als Ersatz in einer Zeit, in der Holz knapp war. In Kanada werden noch heute sogar mehrstöckige Häuser aus Holz gebaut. Der Gesamtmarkt-Anteil der Einfamilien-Fertighäuser soll in Deutschland um die 15 % liegen.

c. – Wände und Decken sind sauber und nicht schief ausgeführt.

4.5   Kellergeschoss

Soll das Haus mit Keller oder ohne Keller gebaut werden? Kellerbau kostet viel Geld, ca. 1/3 der Hausbau-Kosten, und bringt heutzutage mehr Nachteile als Vorteile. Heutzutage? Weil man in jetziger Zeit keine großen Vorräte im Keller aufzubewahren braucht.

Ein Kellergeschoss ist ein unter Straßenhöhe liegendes Hausgeschoss. Keller dienten meistens als Aufbewahrungsraum für große Wintervorräte (Kartoffeln, Kohle usw.). Heutzutage werden Keller selten für große Wintervorräte benutzt, mehr als Hobby-, Heizungsraum, Waschküche usw. Wenn man das Haus auf einem Hangbaugrundstück baut, so kann man teilweise die Kellerräume, wenn die Räume viel Licht bekommen, zum Wohnen benutzen. Ob man diese Räume im Keller braucht, ist zu überlegen.

Die gesamte bebaute Grundfläche muss nicht unterkellert werden. Eine Teilunterkellerung reicht für Heizung, Vorräte usw. meistens aus und ist eine kostensparende Lösung. Noch günstiger ist ein Haus ohne Keller, das Haus ruht dann auf einer Beton-Bodenplatte + Fundamente. Den eventuellen Vorrats- und Wirtschaftsraum kann man im Erdgeschoss einplanen. Kein Keller wird nicht vom Hochwasser überflutet und kein Dieb kann in das Haus eindringen usw. Wenn ein Haus mit Keller, dann aber ohne Keller-Außentreppe (Ausgang vom Keller zum Garten).

4.6   Dach

Dachform, Dachneigung und Farbe der Dachsteine bzw. Dachziegel legen meistens die strengen Bauauflagen der örtlichen Baubehörden fest.

4.7   Fassade

Eine Fassade ist eine äußerliche Erscheinung, aber der Wert eines Hauses liegt im Inneren des Hauses. Heutzutage wird die Fassade des Hauses (Außenansicht) verputzt und mit Farbe – meistens in Weiß – gestrichen. Bei der Abnahme bzw. Fertigstellung des Hauses sieht das sehr schön aus, aber nach ein paar Jahren (ca. 5 Jahre) wird die weiße Fassade langsam schmutzig oder auch mit Grünspan belegt. Nun muss die Fassade mit Wasserdruck und Reinigungsmitteln sauber gemacht werden. Danach muss die Fassade erneut mit Farbe gestrichen werden – Kosten: bis zu 3.500,00 Euro. Ich persönlich bin für eine Fassade aus Naturmaterialien wie:

Klinkerziegel, Kratzputz,

jedoch ohne Farben-Anstrich und ohne Styroporplatten.

4.6 – 4.7 Dach / Fassade: Die Ausführung des Daches und der Fassade ist sehr wichtig, da diese jeder Witterung ausgesetzt sind und das Haus vor verschiedenen Witterungen schützen wie auch das Aussehen des Hauses bestimmen sollen.

4.8   Rohbau

Es ist von Vorteil, ein Haus als Rohbau zu kaufen und dann die einzelnen Tätigkeiten in eigener Regie ausführen zu lassen. So kann auch einiges in Eigenleistung erfolgen (mit Familienangehörigen oder auch mit Freunden). Die Baumärkte helfen dabei mit Warenangebot und fachlicher Beratung. Bei 35-Stunden-Woche und freiem Samstag hat man genug Zeit, um einige Arbeiten beim Hausbau in Eigenleistung auszuführen. Damit kann man viel Geld und Ärger mit den Handwerkern sparen.

Eigenleistung mit Freunden?

Eine Gefälligkeit mit Risiko! Nämlich dann, wenn die Steuerfahndung von der Finanzbehörde auf die Baustelle kommt. Denn wo endet Freundschaftsdienst und wo beginnt die Schwarzarbeit? Das weiß nur das Finanzamt, und so sollte man sich vorher mit dem Amt in Verbindung setzen.

Als ich mein erstes Haus baute, arbeiteten wir 46 Stunden pro Woche (Samstag 6 Stunden), und vieles wurde in Eigenleistung gemacht, natürlich hat man auch den Urlaub auf der Baustelle verbracht.
Hat man sich doch entschlossen, ein neues Haus zu kaufen bzw. bauen zu lassen, egal zu welchen Bedingungen und auf welche Vertragsart, so sollte man sich über die Baufirma und den Architekten genauestens informieren – zum Beispiel, wie lange die Firma schon existiert, welche Bauten sie schon erstellt hatte. Hat man herausgefunden, welche Bauten diese Firma schon erstellt hatte, so sollte man sich mit dem jetzigen Eigentümer bzw. Käufer in Verbindung setzen, um deren Erfahrungen mit der Firma zu erkunden. Schließlich geht es bei solchen Bau- oder Kaufverträgen um viel Geld.

Handelt es sich um eine örtliche Baufirma, und nur so eine ist zu empfehlen, die bekannt ist und einen guten Ruf hat, kann man sich die erwähnten Nachforschungen ersparen. Wobei man dann allerdings nicht vergessen sollte, dass es auch örtliche Firmen gibt wie die Firma, bei der ich meine Doppelhaushälfte gekauft habe. Eine Firma, die nur auf dem Papier existierte. Eine Scheinfirma, ohne eigene Fachkräfte bestehend und gesteuert von zwei Maklern, einem Rechtsanwalt und einem Architekten, der hier nichts zu sagen hatte. Von so einer Firma sollte man unbedingt Abstand nehmen, sonst bringt das dem Bauherrn nur viel Ärger. So einen Ärger, den ich erlebte. Es gibt auch gute und ehrliche Baufirmen, die Häuser bauen können und wollen.

5. Schritt

Auszug aus dem Handelsregister? Makler?

5.1 Auszug aus dem Handelsregister

Man kann nicht sicher sein, ob der Auftragnehmer (Baufirma bzw. Baugesellschaft) zur Zeit der Auftragsverhandlungen noch existiert oder möglicherweise bereits in Konkurs geraten ist. Wichtig ist auch zu erfahren, wer die Gesellschafter sind. Dies alles kann man erfahren mit einem Auszug aus dem Handelsregister, der am zuständigen Amtsgericht zu beantragen und zu bekommen ist.

Unter den Maklern gibt es solche, die entweder am Gewinn des Bauvorhabens beteiligt sind, oder solche, die Verkaufsprämien von den Baufirmen beziehen. Makler, die am Gewinn des Bauvorhabens beteiligt sind, sind schon bei der Planung des Bauvorhabens tätig oder sind zugleich als Makler und als Gesellschafter der Baufirma tätig.

5.2 Immobilienmakler

Ein Immobilienmakler vermittelt gegen Provision bzw. Courtage (Entgelt) für einen anderen Geschäfte und den Verkauf oder die Vermietung von Häusern, Wohnungen, Grundstücken, Geld-Beschaffung usw. Die Provision kann zwischen 4 bis 6% des Geschäftswertes liegen.

Bei Neubauten bzw. Bauvorhaben kommt es schon vor, dass ein Makler keine Provision verlangt. Die Provision des Maklers ist hierbei schon im Verkaufspreis der Immobilien eingeschlossen, und so kommt diese Provision zum Wert der Immobilien dazu, und der Käufer zahlt dann die Grunderwerbssteuer auch für die Provision. Die Provision gehört jedoch nicht zum Wert einer Immobilie.

In ihrem eigenen Interesse, aus Gründen der Seriosität, haben sich viele Makler im Ring Deutscher Makler zusammengeschlossen, führen daher die Bezeichnung „RDM-Makler" und sollen nach entsprechenden Richtlinien des RDM-Verbandes arbeiten. Andere Makler arbeiten offenbar nach ihren eigenen Richtlinien.

6. Schritt

Ausführung bzw. Ausstattung des Eigenheimes?

Die Ausführungen bzw. Ausstattungen eines zum Verkauf angebotenen Hauses (schlüsselfertig) sind in der Regel Standard-Ausführungen (Ausstattungen), das heißt also: das Billigste vom Billigen und das nur sehr einfach.

Wünscht man sich eine bessere Ausführung (Ausstattung) des Vertragsgegenstandes, so nennt man diese Wünsche „Sonderwünsche". Wünscht man eine bessere Ausführung, so sollte man diese noch vor Abschluss des notariellen Grundstückskaufvertrages bzw. Bauvertrages, jedoch ohne vorher abgeschlossene Reservierungsvereinbarung, ausarbeiten. Als Zusatz-Passus sollte man dies in den Vertrag einfügen, mit Angaben der alten und neuen Preise, um so die Differenz-Preise zu verdeutlichen. Nach einer abgeschlossenen Reservierungsvereinbarung ist es praktisch unmöglich, vernünftige Preise für die Sonderwünsche auszuarbeiten.

7. Schritt

Höflichkeit der Makler bzw. der Bauträger-Gesellschaft?

Man sollte sich durch die besondere Höflichkeit bei den Vorgesprächen mit den Immobilienmaklern bzw. mit der Bauträger-Gesellschaft nicht aufs Eis führen oder täuschen lassen. Denn oftmals ist das nur der übliche Trick dieser Leute, um das Vertrauen des Käufers bzw. Bauherrn zu gewinnen und eine schnelle Vertragsentscheidung zu erreichen, die man später womöglich bereuen kann.

8. Schritt

Mündliche bzw. schriftliche Vereinbarungen?

Bevor der Grundstückskaufvertrag bzw. Bauvertrag unter Dach und Fach ist, sollte man keine mündlichen oder gar schriftlichen Vereinbarungen mit dem Vertragsnehmer treffen. Man sollte alles abklären und später alles im notariellen Vertrag absichern, denn später entpuppt sich vieles als Blabla-Vereinbarung.

Was vom Verkäufer bzw. von der Baufirma mündlich zugesagt wurde, wollen diese später nicht mehr gelten lassen. Gesetzlich sind mündliche Vereinbarungen bzw. Zusagen eigentlich verbindlich, aber bei dem Vereinbarungs- bzw. Zusagengespräch muss ein Zeuge dabei sein, der eventuell bei gerichtlichen Auseinandersetzungen die Wahrheit bezeugen kann.

Man sollte alle mündlichen oder telefonischen Besprechungen als Notiz mit Datum festhalten. Es kommt oft vor, dass der Verhandlungspartner ein schlechtes Gedächtnis hat, wenn es um seinen Vorteil geht.

9. Schritt

Grundstückskauf- bzw. Bauvertrags-Entwurf?

Den von dem Vertragsnehmer erhaltenen Grundstückskaufvertrag bzw. Bauvertrag nicht als endgültigen Vertrag betrachten. Zunächst einmal Punkt für Punkt in Ruhe studieren. Unverständliches notieren und durch den Vertragsnehmer erläutern lassen. Zum 9. Schritt – „Grundstückskaufvertrag bzw. Bauvertrags-Entwurf" – siehe auch im 10. Schritt – „Vertragsklausel des Grundstückskaufvertrages bzw. Bauvertrag überprüfen lassen?" und im 14. Schritt – „Grundstückskaufvertrag bzw. Bauvertrag?"

10. Schritt

Vertragsklausel des Grundstückskaufvertrages bzw. Bauvertrag überprüfen lassen?

Die Klauseln im Grundstückskaufvertrag bzw. Bauvertrag sind durch den Verkäufer festgelegt, und so sichern sie sich meistens selber ab. Um das zu ändern, sollte man unbedingt mit dem Vertrag zu einem Rechtsanwalt gehen und sich beraten lassen, ob der Vertrag so zur Unterschrift reif ist.

11. Schritt

Rechtsschutz- und Baustellenversicherungen

Es ist ratsam, spätestens drei Monate vor dem Abschluss des notariellen Grundstückskaufvertrages bzw. Bauvertrages eine Rechtsschutzversicherung abschließen für den Fall, dass es später eventuell zu Auseinandersetzungen mit dem Verkäufer, der Baufirma, den Handwerkern und anderen Personen kommt. Mit Personen, welche direkt oder indirekt mit dem Hausbau oder -kauf verbunden sind, oder auch, wenn es mit den Nachbarn zu Zwistigkeiten kommt. Voraussetzung ist, dass man eine Versicherungsgesellschaft findet, die bereit ist, eine Baurechtsschutzversicherung mit dem Bauherrn abzuschließen. Denn die gerichtlichen Auseinandersetzungen im Hausbau-Gewerbe dauern sehr lange und kosten viel Geld. Das ist den Versicherungen bekannt, und so wollen sie keine Baurechtsschutzversicherung mit einem Bauherrn abschließen.

Auf meinem Weg zum eigenen Heim trat ich zweimal als Bestreiter, dreimal als Kläger, dreimal als Beklagter und zweimal als Berufungsbeklagter auf, und diese Erlebnisse beschreibe ich auf vielen Seiten in meinem Buch unter dem Titel „Traumhaus – Ein langer Weg vom Mieter zum Traumhaus und zurück".

Wichtig ist auch, eine Baustellen-Versicherung abzuschließen. Es können Passanten bzw. unbefugte Personen auf der Baustelle zu Schaden kommen.

12. Schritt

Steuerberater konsultieren!

Der Bau bzw. Kauf eines Hauses ist mit viel Geld verbunden. Eine Nachricht, dass man eine Immobilie kauft, geht auch an das Finanzamt, schließlich will das Finanzamt an dem Bau bzw. Kauf eines Hauses auch Steuern einnehmen. Es kann auch Ärger geben, wenn der Hausbau bzw. Hauskauf vorwiegend mit Geldern bezahlt wird, deren Herkunft dem Finanzamt unbekannt ist. Damit man mit dem Finanzamt und mit anderen Finanzproblemen zurechtkommt, sollte man, noch vor dem notariellen Abschluss des Grundstückskaufvertrages bzw. Bauvertrages, einen Steuerberater konsultieren, der den Bauherrn in der Finanzangelegenheit beraten wird.

13. Schritt

Unterlagen zum Grundstückskauf- bzw. Bauvertrag?

13.1 Bauzeichnungen

- Durch das Bauaufsichtsamt / Bauamt genehmigte Bauzeichnungen, mit Ansichten des Bauwerkes.

- Genaue Bauzeichnungen im Maßstab 1:50 mit Angaben der Rohbaumaße, so auch Dicke der Verkleidung bzw. des Putzes (innen und außen) und das in allen Geschossen, wie auch in den Querschnitten des Gebäudes mit Angaben der Höhenmaße.

13.2 Lageplan I

Lageplan des Grundstücks in der Umgebung – Auszug aus dem Liegenschaftskataster (Flurkarte) im Maßstab 1:1000.

13.3 Lageplan II

Genauer Lageplan des Grundstückes mit Geländeschnitt und der Einbettung des Hauses im Maßstab 1:100 und Angabe der Maße.

13.4 Berechnung der Wohn- und Nutzfläche

Genaue Berechnung der Wohn- und Nutzfläche nach DIN 283 bzw. DIN 277, denn diese sind oft höher angegeben.

13.5   Baubeschreibung

Die meisten notariellen Bauverträge beinhalten folgenden Satz:

„Die vom Verkäufer zu erbringenden Bauleistungen ergeben sich nach Art und Ausführung aus der Baubeschreibung."

Also, die notarielle Baubeschreibung (Urkunde) ist im Bauvertrag eine sehr wichtige Bauleistungsgarantie, und so müssen in der Baubeschreibung des Kaufobjekts bzw. Bauobjektes alle Bauleistungen genau und detailliert beschrieben werden und so auch Zeichnungen und Kopien der Ausstattungsgegenstände beiliegen.

Nur so kann der Bauherr während der Bauzeit den Baufortschritt ständig kontrollieren und bei den Abnahmen sicher zu sein, dass alle Leistungen durch den Vertragsnehmer erbracht sind.

Eine detaillierte Baubeschreibung muss genau den Rohbau, alle Arbeiten danach und die Ausstattung des Vertragsgegenstandes beschreiben.

13.5.1   Fundamente

Fundamente? (Streifenfundamente, Fundamentplatte usw.). Baumaterial? Art der Decken? Bewehrungsstahl? Wenn der Rohbau, das Fundament, die tragenden Bauwerke nicht fachgerecht erstellt sind, so ist es später kaum wieder gutzumachen, und wenn, dann nur mit sehr viel Geld.

13.5.2 Kellergeschoss

Hierzu siehe auch im 4. Schritt – Pkt. 4.5 „Kellergeschoss". Kelleraußen- und Kellerinnenwände. Mauerwerk – Art der Steine oder der Beton- wände – dann mit Bewehrungszeichnung, DIN 1045.

13.5.3 Wände

Wände im Erdgeschoss (EG), Obergeschoss (OG) oder auch Dachge- schoss (DG) sollten genau beschrieben werden (Materialien, Maße usw.). Über Außen- und Innenwände berichtete ich schon im 4. Schritt – Pkt. 4.4. „Bauweise".

13.5.4 Decken

Art der Decken? Holz-, Stahl-, Stahlbeton- oder auch Ziegeldecke. Putz?

13.5.5 Hausschornstein (e)

Zu Schornstein siehe auch DIN 18160. Art des Schornsteins? Gemauert, Formsteine, Edelstahl usw. Ein oder zwei Schornsteine? Meistens wird nur ein Schornstein im Bauvertrag angeboten und so wird das auch, in einigen Bundesländern, durch das Bauaufsichtsamt genehmigt. Ein Haus muss schon mit zwei Schornsteinen ausgestattet sein.

Hierzu stellt sich eine weitere Frage, und zwar: Schornsteinreinigung? Natürlich sagt jemand, das macht der Schornsteinfeger. Und es ist auch so. Nur, wie kommt er auf das Dach? Von außen oder durch das Haus? Bei Einfamilienhäusern, die nicht zu hoch sind, ist es besser, wenn der

Schornsteinfeger von außen auf das Dach zum Schornstein kommt. Dafür müssen entsprechende Dachstufen, von der Dachrinne bis zur Schornsteinmündung, eingebaut werden.

13.5.6 Dachform

Die Dachform ist regional und klimatisch bedingt – meistens durch die örtliche Baubehörde festgelegt.

13.5.7 Dachneigung

Die Dachneigung ist meistens durch die örtliche Baubehörde festgelegt (je steiler die Dachneigung, desto besser die Regenableitung).

13.5.8 Dachkonstruktion

Eine Dachkonstruktions-Zeichnung sollte beigelegt werden – hierzu siehe im 4. Schritt – Pkt .4.6 „Dach".

13.5.9 Dachdeckung

Dachziegel, Dachsteine, Schiefer usw. Farbe der Dachdeckung bestimmt meistens die örtliche Baubehörde.

13.5.10 Dachfenster

Dachflächenfenster? Gaupe? Usw.

13.5.11   Dachentwässerung

Dachrinnen und Regenfallleitungen? – Form der Dachrinnen: halbrunde, kastenförmige usw. Material: nichtrostende Bleche, hartes PVC usw. Maße der Rinnen und Fallleitungen. Die Dachrinne sollte ein leichtes Gefälle (0,5 % Mindestgefälle) haben.

13.5.12   Wärmedämmung des Daches

Art der Wärmedämmung, der Dampfsperre usw.

13.5.13   Fassade

Fassadenart? Fassadenmaterial? Fassadenfarbe? – Hierzu siehe im 4. Schritt – Pkt. 4.7 „Fassade"

13.5.14   Innentreppenanlage (notwendige Treppe / Geschosstreppe)

Es gibt viele Ausführungen von Innentreppen, und so muss der Bauherr entscheiden, welche Bauart ihm entspricht – siehe DIN 18064.

Ich persönlich bevorzuge eine zweiläufige gegenläufige Treppe mit Zwischenpodest aus Stahlbeton (Laufplatte mit Stufenkeilen), gegossen auf der Baustelle bzw. im Betonwerk angefertigt. Die Beton-Stufen und -Setzstufen mit Holzstufen verkleiden (Holzart passend zu der Holzart der Türen). Eine Treppe kann auch aus Massivholz hergestellt werden. Die Stufenlänge bzw. die Treppenbreite sollte schon ein Meter (1 m) sein.

Eine Holztreppe sollte auch nicht ohne Setzstufen sein, denn Kinder lassen durch die offene Stelle Gegenstände herunterfallen. Die herunterfallenden

Gegenstände beschädigen die Holzstufen oder können auch Personen verletzen.

Meistens werden Treppen in Einfamilien-Häusern mit einer Stufenlänge l = 80 cm gebaut; so eine Treppe ist zu eng, und so kann man schlecht größere Gegenstände auf der Treppe transportieren. An beiden Seiten der Treppe müssen auch feste Handläufe (rund, aus Holz oder Metall) angebracht werden, damit der Benutzer der Treppe sich festhalten kann, wenn er nach oben bzw. nach unten die Treppe begeht.

Es könnte auch eine dreiläufige zweimal abgewinkelte Treppe mit Zwischenpodesten sein. Ich möchte jedenfalls keinem Bauherrn eine einläufige, halbgewendete Treppe mit Stahlkonstruktion empfehlen oder eine andere Treppenausführung mit Stahlkonstruktion.

Warum nicht eine einläufige, halbgewendete Treppe? Die erforderliche Stufenbreite bzw. Trittfläche wird in der Mitte der Stufenlänge gemessen, wo man praktisch die Treppe selten benutzt. Denn wenn man z. B. eine Linkstreppe nach oben begeht, benutzt man die Außenseite der Treppe, wo die Stufenbreiten sich verändern.

Durch die Veränderung der Stufenbreite – einmal kleiner, einmal größer, verändert sich der Schritt des Treppenbenutzers.

Wenn man wiederum nach unten geht, benutzt man die Innenseite der Treppe, wo mehrere Stufenbreiten zu klein sind – die Mindestbreite von 10 cm muss gemäß Verordnung eingehalten werden. Die Stufenbreite von 10 cm ist nur auf den Fersen zu begehen oder auch auf den Zehen. Hier besteht Gefahr auszurutschen, und zweitens wirkt beim Heruntergehen die Treppe sehr steil, und so haben Kinder und ältere Menschen Angst, die Treppe abwärts zu benutzen.

Das Begehen dieser Treppenart kann auch umgekehrt als hier beschrieben sein – es kommt darauf an, ob es eine Linkstreppe oder Rechtstreppe ist.

Die Treppe vom KG soll im EG mit einer Tür abgeschnitten werden wegen der Sicherheit (Einbrecher), Kälte, Zugluft, Abgase der Feuerstätte, verschiedener unangenehmer Gerüche usw.

Eine Treppe sollte auch von allen Zimmern mit Türen abgeschnitten werden wegen der Luftwärme in den Zimmern. Eine Treppe sollte nicht nur dazu dienen, dass man nach oben bzw. nach unten kommt, sondern auch für andere Zwecke, wie z. B. beim Umzug zum Transportieren von Möbeln, größeren Gegenständen, Kranken usw., sodass man sie nicht durchs Fenster nach draußen befördern muss, wie es heute öfter vorkommt.

Bei Eigentumswohnungen, Doppelhaushälften, Reihenhäusern ist sehr wichtig auf die Ausführung der Treppen zu achten und die damit verbundene Lärm- und Trittschalldämmung. Wenn diese Dämmung unzureichend ist, gibt es viel Ärger mit den Nachbarn wegen Lärmbelästigung. Eine genaue Zeichnung der Treppe mit Berechnung einer Trittschalldämmung sollte dem Grundstückskaufvertrag beiliegen.

13.5.15   Fenster

Art der Holzfenster? Kunststofffenster? Fenstermaße? Usw. Mit Kunststofffenstern habe ich schlechte Erfahrungen gemacht.

13.5.16   Innen- und Außenfensterbänke

Art der Fensterbänke? Maße?

13.5.17   Rollläden

Art und Ausführung mit Abbildungen der Rollläden: Rollladenart? Rollladenbetätigung: mit Motor oder manuell? Rollläden mit Links- oder Rechtsroller? Rollladenkastenart: mit oder ohne Wärme- und Lärmdämmung?

13.5.18   Kellerfenster

Art der Fenster – Stahlfenster oder Holzfenster?

13.5.19   Innentüren

Echtholztüren? Echtholzfurniere? Holzdekore? Farbe? Mit Farbe gestrichen? Ganzglastürblätter? Türblätter mit Glasausschnitt? Zargen: Holzzargen? Stahlzargen? Maße der Türen? Drückergarnitur? Usw. Türen sollen auch an die Wände oder auch an die Möbel angepasst werden.

13.5.20   Hauseingangs- und Terrassenausgangstür

Hauseingangstür: Art der Tür: Holzhaustür? Kunststoffhaustür? Aluhaustür? Haustüranlage? Haustür mit entsprechenden Sicherheitsbeschlägen? Haustür mit oder ohne Glasscheiben? Wenn mit Glasscheiben, dann mit oder ohne Ziergitter? Posteinwurf in der Haustür oder Briefkasten? Usw.

Terrassenausgangstür: Die Schwelle der Terrassenausgangstür soll so ausgeführt werden wie die Ausführung bei der Hauseingangstür, ohne Außenfensterbänke, sondern mit einem kleinen Podest. Die Oberkante des Podests soll zur Oberkante der Terrasse in einer Stufenhöhe liegen, d. h. max. 19 cm.

13.5.21 Kellertüren

Kellertüren mit Stahl- oder Holzzargen?

13.5.22 Elektroinstallationen – innen

Elektroversorgung? Elektroausstattung? Zahl der Brennstellen, Schalter, Steckdosen? Anschlüsse (Elektroherd, Mikrowelle, Spülmaschine, Dunstabzugshaube, Kühlgefrierkombination, Waschmaschine, Wäschetrockner usw.)? Erdungen? Telefonanschluss oder -anschlüsse? TV- und Radioanschlüsse, TV-Kabelanschluss? Antennenanlage? Usw.

13.5.22 Elektroinstallationen – außen

Hauseingangsbrennstelle? Hausnummerbeleuchtung? Hausschelle? Terrassenbeleuchtung? Leuchten mit oder ohne Bewegungsmelder? Usw.

13.5.23 Sanitäre Installationen

Leitungen für Schmutz- und Regenwasser? Material und Durchmesser der Leitungen?

13.5.24 Kaltwasserversorgung

Hauptleitung und Verteilerleitungen. Material und Leitungsdurchmesser? (Kupferrohre?) usw.

13.5.25 Warmwasserversorgung

Hauptleitung und Verteilerleitungen. Material und Leitungsdurchmesser? Kupferrohre? Warmwasserkessel: Warmwasserspeicher? Warmwasserleitungsnetz oder Warmwasserzirkulationsnetz? Isolierung der Warmwasserleitungen? Art der Isolierung?

13.5.26 Heizung

Art der Heizungsanlage? Heizkörper oder Fußbodenheizung? Hauptleitung und Verteilerleitungen (Leitungsdurchmesser? Kupferrohre? Usw.). Wärmedämmung der Heizungsrohrleitungen? Art der Wärmedämmung bzw. Isolierung? Heizkörper? Zahl und Angabe der Maße.

13.5.26.1 Heizungsanlage für Warmnutzwasser und Heizung?

Art der Feuerstätte zur Verbrennung von festen, flüssigen oder gasförmigen Brennstoffen? Hersteller und Typ der Feuerstätte mit Abbildung. Extra-Aufstellraum?

Hierzu möchte ich noch auf das Bundesgesetzblatt „Verordnung über energiesparende Anforderungen an heizungstechnische Anlagen und Brauchwasseranlagen" (Heizungsanlagen-Verordnung) hinweisen. So eine Verordnung sollte auch den vertraglichen Unterlagen beiliegen bzw. in der Baubeschreibung bindend erwähnt sein.

13.5.27   Estrich

Estrich: Konstruktionsarten? Verbundestrich, Estrich auf Trennschichten, schwimmender Estrich? Heutzutage wird meistens als Untergrund für Fußbodenbeläge schwimmender Estrich ausgeführt. Nun wird der Estrich nur abgezogen oder abgerieben. Wenn er nur abgezogen wird, dann ist er schief und bucklig.

13.5.28   Sanitäre Ausstattung

Sanitärgegenstände fürs Bad und Gäste-WC? Bad? Einzel- oder Doppel-waschtisch, Brausewanne? Badewanne? Gäste-WC? Handwaschbecken, Urinal, Klosettbecken mit offenen oder eingebauten Spülkästen? Usw. Standardausführung, das Billigste vom Billigsten? Genaue Angabe des Her-stellers, Farbe, Maße mit Abbildungen.

13.5.29   Fliesen

Maße, Farbe und Art des Materials.

13.5.30   Malerarbeiten

Malerarbeiten der Innenwände und der Decken. Tapezierung? Art und Farbe der Tapete, Muster müssen vorgelegt werden. Anstrich? Art des Anstrichstoffes, Zahl der Beschichtung? Farbe?

13.5.31 Fußböden

In den Zimmern, im Bad, Gäste-WC, Diele usw. Parkett? Art des Parketts: Mosaik-, Stab-, Fertigparkett usw. Bodenbelag? Art des Bodenbelags: Muster und Farbe. Fliesen? Art der Fliesen. Muster des Parketts, Bodenbelags, der Fliesen usw. müssen vorgelegt werden.

13.5.32 Garage bzw. Stellplatz

Fertig-Garage? Garage aus Fertigteilen? Garage aus Mauerwerk erstellt? – und nur so eine ist zu empfehlen.

Garagentor: Schwingtor? Rolltor? Garagentor mit oder ohne Torantrieb? Wenn ja, dann mit Fernsteuerung? Garage mit einer Personentür? Konstruktionszeichnung der Garage mit Angaben der Maße sollten dem Vertrag beiliegen.

13.5.33 Außenanlage

Hauszugang? Garagenzufahrt? Usw.
Terrasse: Terrassengröße? Terrassenplatten? Garten? Mutterboden? Zaun? Art des Zaunes und Höhe: Holz-, Mauer-, Drahtzaun? Und wird der Zaun auf Kosten der Baufirma oder auf Kosten des Bauherrn erstellt? Ein Zaun kann auch eine schöne dicke Hecke sein, z. B. Feuerdorn, Lebensbäume, die auch im Winter dicht und grün bleiben, und dient zugleich als Sichtschutz. Zaun?

„Gute Zäune machen gute Nachbarn"

Scharon, als israelischer Ministerpräsident

13.5.34 Terrassentür und Terrassentrennwand

Bei Reihenhäusern und Doppelhaushälften hat der Bauherr darauf zu achten, dass die Ausführung der Terrassentrennwand zwischen den Nachbarhäusern nur als Mauerwerk oder Holzwand mit erhöhtem Schallschutz, und das hoch genug, erstellt wird. Die Terrassentüren des Bauherrn und des Nachbarn sollten nicht zueinander, sondern auseinander stehen.

13.5.35 Unterlagen

Als Anlage zu der vertraglichen notariellen Baubeschreibung sollten unbedingt Vertragsausstattungs-Gegenstände ausreichend beschrieben werden, mit Angaben des Herstellers, der Katalog-Nummer, des Typs, der Maße usw. und Katalog-Ablichtungen beiliegen, und das auch dann, wenn Muster zur Auswahl vorgelegt werden. Nur so kann der Bauherr vorab sehen und sicher sein, was er vertraglich gekauft hatte.

13.5.36 Statische Berechnungen

Dem Vertrag sollten auch Kopien der statischen Berechnung des Hauses (Reihenhaus, Doppelhaus, freistehendes Haus) und auch der Garage beiliegen. So kann der Bauherr die statische Ausführung während der Bauzeit kontrollieren, z. B. ob die vorgesehene Bewehrung bzw. der Betonstahl (Anzahl, Durchmesser usw.) und andere Ausführungen (z. B. Fundamente) erbracht sind. Bei späteren Umbauten des Hauses bzw. der Garage ist es von Vorteil, die statischen Berechnungen in den Bau-Unterlagen zu haben.

13.5.37 Verdingungsordnung für Bauleitungen (VOB/B)

Dem Vertrag sollten auch Kopien der Verdingungsordnung für Bauleitungen VOB/B § 13 „Gewährleistungen" und VOB/B § 12 „Abnahme" beiliegen.

Ich berichtete schon, dass die notariellen Bauverträge meistens die folgende Klausel beinhalten:

> *„Die vom Verkäufer zu erbringenden Bauleistungen ergeben sich nach Art und Ausführung aus der Baubeschreibung."*

Und die notarielle Baubeschreibung beinhaltet meistens folgenden Satz bzw. Klausel:

> *„Die Planung und die vorgesehene Ausführung entsprechen den DIN-Normen, den anerkannten Regeln der Baukunst und dem momentanen Stand der Technik."*

Und:

> *„Der Verkäufer verpflichtet sich, nur normgerechte Baustoffe zu verwenden, und das Bauvorhaben nach den anerkannten Regeln der Bautechnik einwandfrei zu errichten."*

Beruhigende Zusicherung für den Bauherrn. Aber:

> *Vertrauen ist gut, Kontrolle ist besser!*
>
> W. I. Lenin (1870–1924)

Die Frage ist aber, wie soll der Bauherr kontrollieren, ob der Vertragsgegenstand gemäß der o. g. Zusicherung erstellt ist? Und so müssen dem Bauherrn bekannt sein:

die hierzu entsprechenden DIN-Normen, die anerkannten Regeln der
Baukunst und der momentane Stand der Technik

Also, dem Bauherrn müssen folgende Unterlagen vorliegen:

13.5.38   DIN-Normen

Die DIN-Normen (Deutsches Institut für Normung) sind von einem eingetragenen Verein ausgearbeitet, und diese Arbeitsergebnisse sind Empfehlungen, da diese die Baukunst (Hausbau) beschreiben und zugleich regeln. Einzelne Bundesländer führen eigene Normen ein, und diese müssen bei allen Bauaufgaben angewendet werden.

13.5.39   Anerkannte Regeln der Baukunst bzw. Regeln der Bautechnik

Einige Gesetze des Bürgerliches Gesetzbuches (BGB), die entsprechenden DIN-Normen und Landesbauverordnungen beschreiben die anerkannten Regeln der Baukunst.

13.5.40   Momentaner Stand der Technik?

Ein Bauherr müsste Häuslebau-Wissenschaftler sein, um den

momentanen Stand der Technik

zu kennen. In den Baumärkten und auch bei einigen Bau-Unternehmern kann man die Ausstattung eines Hauses, gemäß dem momentanen Stand der Technik, sehen und sich auch darüber Informationen einholen.

Die Zusicherungs-Klausel in einem notariellen Grundstückskaufvertrag, wie:

„Die Planung und die vorgesehene Ausführung entsprechen den DIN-Normen, den anerkannten Regeln der Baukunst und dem momentanen Stand der Technik"

sehe ich persönlich als eine lächerliche, notarielle Verdummung des Vertragsgebers (Bauherrn). Denn zu diesem „Stand der Technik" gehört mein verpfuschtes Haus, eine Doppelhaushälfte, das ich in meinem Buch „Traumhaus" beschreibe.

Zu den „anerkannten Regeln der Baukunst und dem momentanen Stand der Technik" gehören, wie ich berichtete, die DIN-Normen und die verschiedenen Bauverordnungen usw., aber keiner, kein Amt usw., kontrolliert, ob diese beim Hausbau angewendet wurden.

Bei Nichtanwendung der DIN-Normen, Gesetze, VOB/B und Bauverordnungen wird jedoch keiner von den Auftragsnehmern zur Verantwortung gezogen – so jedenfalls meine Erfahrung. Wenn sich der Auftragsnehmer auf DIN-Normen, Gesetze, VOB/B und Bauverordnungen beruft, so müssen

diese der Baubeschreibung in Kopien beigelegt werden,

sonst kann der Bauherr nicht feststellen, ob die Ausführung gemäß den erwähnten Zusicherungen erstellt ist. Einem Bauherrn wird es auch von Vorteil sein, wenn er mit all den erwähnten Bauregeln vertraut ist.

Wenn es zu einer gerichtlichen Auseinandersetzung mit dem Vertragsnehmer wegen der zugesicherten Bauausführung, gemäß:

„Die Planung und die vorgesehene Ausführung entsprechen den DIN-Normen, den anerkannten Regeln der Baukunst und dem momentanen Stand der Technik"

kommt, so schreibt dann der Vertragsnehmer (Anwalt der Baufirma) an das Landgericht:

> *„Ein Haus wurde bestellt und ein Haus wurde vollständig fertig gestellt.*
> *Es sind keinerlei Arbeiten mehr zu entrichten!"*

Ja, es wurde ein Haus fertig gestellt, aber nicht entsprechend den DIN-Normen, den anerkannten Regeln der Baukunst und dem momentanen Stand der Technik. Denn später stellten sieben Sachverständige in dem vollständig fertig gestellten Haus 233 Mängel mit Nachbesserungskosten, 35 Mängel mit Wertminderung und 15 Bagatellmängel ohne Nachbesserungskosten bzw. Wertminderung fest.

Zu der gerichtlichen Auseinandersetzung mit dem Vertragsnehmer kam es, als ich die Abnahme des Hauses verweigerte, da man sehen konnte, dass hier nicht gemäß der notariellen Zusicherung, gemäß den anerkannten Regeln der Baukunst und dem momentanen Stand der Technik gearbeitet wurde, und so zahlte ich die letzte Kaufpreisrate nicht. Da ich nicht zahlte, kamen erst die üblichen Mahnungen, dann der Gerichtsvollzieher usw. Darüber, was ich da so alles als Bauherr erlebte, berichte ich in den vielen Kapiteln meines Buches unter dem Titel: Traumhaus?

14. Schritt

Grundstückskaufvertrag bzw. Bauvertrag?

Über einiges zum Grundstückskaufvertrag bzw. Bauvertrag wurde schon im 9., 10., 11., 12. und 13. Schritt berichtet. Und dass man den endgültigen Grundstückskaufvertrag bzw. Bauvertrag zunächst einmal Punkt für Punkt in Ruhe studieren sollte. Unverständliches notieren und durch den Vertragsnehmer erläutern lassen.

Der Bauherr ist mit dem Entwurf des Vertrages sozusagen in allen dort eingebauten Klauseln und mit den beigelegten Unterlagen einverstanden und ist bereit, diesen Vertrag an die ausgewählte Baufirma zu vergeben. Hierzu möchte ich noch auf einige Klauseln aufmerksam machen, durch welche ich später viel Ärger bekam, und zwar:

14.1   Vertragsnehmer

Auf der ersten Seite des Grundstückskaufvertrages sind keine exakten Angaben zu den Vertragsnehmern, der Baufirma. Die Firma leiten drei Personen (zwei Makler und ein Architekt), und im Vertrag ist nur eine Person, und zwar der Makler H., der auch den Vertrag unterschrieben hatte.

Die Anschrift des Unterzeichners ist Sitz der Firma, und warum wird geheim gehalten, wo er wohnt? Warum werden die Namen der zwei weiteren Geschäftsleute in dem Vertrag vor dem Auftraggeber geheim gehalten?

Meiner Meinung nach sollten in dem Grundstückskaufvertrag alle drei Geschäftsleute namentlich, mit Angabe ihres Wohnsitzes, bekannt gegeben sein.

Wenn jemand den Vertrag unterzeichnet, dann macht er das doch auch im Namen der zwei verbliebenen Geschäftsleute. Wenn jemand sich versteckt, da stinkt etwas. Und wenn es stinkt, dann sollte man diesen Vertrag fallen lassen.

Dem Vertrag sollte außerdem (auch: weiterhin) ein Auszug aus dem Handelsregister beiliegen (siehe hierzu im 5. Schritt – Pkt. 5.1); dieser erwähnt aber nicht den Wohnsitz der Geschäftsleute.

Also: Sitz der Baufirma mit Anschrift und alle Namen der Geschäftsleute mit Wohnsitz sollten im Vertrag genannt werden, und alle sollen den Vertrag unterschreiben, als Zeichen dafür, dass sie mit dem Vertrag vertraut sind.

Der wichtigste der Auftragsnehmer ist der Architekt. Die Unterschrift des Architekten K. ist jedoch in meinem notariellen Grundstückskaufvertrag nicht zu sehen. So kann er auch nicht wissen, dass die Makler sich verpflichtet haben, dass das Vertragsobjekt:

> „ ... entsprechend den DIN-Normen, den anerkannten Regeln der
> Baukunst und dem momentanen Stand der Technik"

zu erstellen ist.

14.2 Klauseln aus dem Grundstückskaufvertrag § ... „Vertragsgegenstand"

14.2.1 Zitat:

> „Die in den Bauzeichnungen angegebenen Maße ..."

Was für Zeichnungen? Die im Vertrag erwähnten Bauzeichnungen sollten mit Urkunden-Nummern versehen werden, denn nur so kann der Vertragsgeber sicher sein, dass er die richtigen Zeichnungen besitzt.

Also: Die Bauzeichnungen müssen den Vertragsunterlagen beiliegen und mit Urkunden-Nummer versehen sein.

14.2.2 Zitat:

> *„Die heutige tatsächliche vorhandene Ausführung ist jedoch maßgeblich, soweit sie von den Plänen und der Baubeschreibung abweicht."*

Also: Derartige Klauseln streichen bzw. umändern. Gemäß dieser Klausel im Vertrag weiß man nicht, wie weit die Abweichungen gehen können.

14.2.3 Zitat:

> *„Die Baugenehmigung ist erteilt."*

Die Baugenehmigung liegt aber als Unterlage dem Vertrag nicht bei.

Also: Eine Kopie der Baugenehmigung muss als Unterlage dem Vertrag beiliegen.

14.2.4 Zitat:

> *„Der Verkäufer wird den Vertragsgegenstand bis zum 1. Juli ... bezugfertig erstellen; dann noch ausstehende Restarbeiten sind anschließend zügig durchzuführen und innerhalb von 2 Monaten zu beenden."*

Also: Derartige Klauseln entsprechend umändern.

Der Vertrag soll den Termin der Fertigstellung des Vertragsgegenstandes ohne Mängel nennen. Eine Begehung des Hauses sollte vorher stattfinden und dabei sollten bestehende Mängel aufgelistet werden, und diese sind dann bis zur Fertigstellung zu beseitigen. Dann kann der Bauherr das Haus beziehen, sonst wird er für einige Monate die Rolle des Hauswarts bzw. Bauleiters spielen.

14.2.5   Zitat:

„Verzögerungen durch Witterungseinflüsse – insbesondere infolge von amtlich anerkannten Schlechtwettertagen ... gehen nicht zu Lasten des Verkäufers."

Also: Derartige Klauseln streichen bzw. umändern, denn: Jeder Grund der Bau-Verzögerung muss mit dem Bauherrn besprochen sein, der auch sein Einverständnis dazu erklärt oder auch nicht.

14.3   Klauseln aus dem Grundstückskaufvertrag – § ...
„Zeitpunkt der Auflassung und Sicherung des Käufers"

14.3.1   Zitat:

„... die Grundschulden zugunsten der Sparkasse ... in Höhe von 226.000,00 Euro zuzüglich Zinsen und Nebenkosten, für ..."

Also: Derartige Klauseln nicht annehmen bzw. streichen. Warum? Der Bauherr nimmt die Schulden der Baufirma an.

14.4 Klauseln aus dem Grundstückskaufvertrag – § ... „Kaufpreis"

14.4.1 Zitat:

„Der Verkäufer ist berechtigt, Mehrkosten, die ihm durch höhere Gewalt oder für ihn nicht vorhersehbare künftige behördliche Anordnungen entstehen, besonders zu erheben."

Also: Derartige Klauseln streichen bzw. umändern, denn: Jeder Grund der Kaufpreiserhöhung muss mit dem Bauherrn besprochen sein, der auch sein Einverständnis dazu erklärt oder auch nicht.

14.4.2 Zitat:

„Soweit die Fälligkeit wie angegeben vom Baufortschritt abhängig ist, hat die Zahlung an den Verkäufer unverzüglich nach Erteilung einer entsprechenden Fälligkeitsanzeige durch den Verkäufer an den Käufer zu folgen. Nicht rechtzeitig gezahlte Summen sind ab Verzug mit ..."

Also! Derartige Klauseln entsprechend umändern, denn: Die Baufortschrittszahlung soll erst dann erfolgen, wenn durch eine gemeinsame (Bauherr + Baufirma bzw. Vertragspartner) Kontrolle dieser Fortschritt festgestellt ist. Hierüber sollte eine Niederschrift angefertigt werden, in der auch Beanstandungen festgehalten werden, selbst wenn diese vom Vertragspartner nicht als solche anerkannt werden, sonst heißt es später womöglich, der Fortschritt sei vom Bauherrn ohne Rüge hingenommen worden. Diese Niederschrift ist von beiden Vertragspartnern zu unterzeichnen. Die Überweisung der fälligen Zahlung ist in vier Wochen, und nicht

unverzüglich,

fällig. In dieser Zeit allerdings sind auch die in der Niederschrift aufgelisteten Beanstandungen (Mängel) zu beseitigen, andernfalls hat der Bauherr das Recht, die fällige Baufortschrittszahlung zu verweigern oder einen Teil der Zahlung einzubehalten. Mit dieser Klausel Pkt. 14.4.2 produziert dann der Vertragsnehmer Verzugszinsen.

14.4.3 Zitat:

„Der Käufer unterwirft sich wegen seiner Verpflichtung zur Zahlung des Kaufpreises – wegen der Zinsen in Höhe von 11 v.H. jährlich vom heutigen Tage an – der sofortigen Zwangsvollstreckung aus dieser Urkunde in sein gesamtes Vermögen. Er ermächtigt den Notar, dem Verkäufer jederzeit eine vollstreckbare Ausfertigung dieser Urkunde zu erteilen, ohne dass es hinsichtlich der Fälligkeit irgendeines Nachweises bedarf.“

Also: Derartige Klauseln streichen bzw. nicht zustimmen. Bei einer solchen Klausel ist nämlich die Baufirma nicht bereit, Mängel zu beseitigen oder einen Kompromiss einzugehen. Diese Klausel gibt der Baufirma alle Macht, den Bauherrn mithilfe des Notars, eines Rechtsanwalts oder Gerichtsvollziehers zu terrorisieren.

14.5 Klauseln aus dem Grundstückskaufvertrag – § ... „Gewährleistung"

14.5.1 Zitat:

„Bei Uneinigkeiten der Parteien über das Vorliegen und die Bewertung von Mängeln entscheidet darüber bindend ein auf Antrag einer Partei von der zuständigen Industrie- und Handelskammer zu benennender vereidigter Sachverständiger. Die Kosten des Sachverständigen tragen

die Beteiligten in dem Verhältnis, in welchem der Sachverständige
ihrer Auffassung entsprochen hat."

Also: Derartige Klauseln umändern, und zwar:
- Bei Uneinigkeit der Parteien über Beanstandungen soll ein vom

Gericht

benannter Sachverständiger bindend entscheiden, ob es sich um tatsächliche Mängel handelt oder nicht.

Und die Kosten?
- Die Kosten des Sachverständigen tragen vorab beide Parteien je zur Hälfte. Nach dem erstellten Schiedsgutachten sollten die Kosten im Verhältnis der festgestellten Mängel aufgeteilt werden. Dieses Zahlungsverhältnis sollte auch das Gericht angeben.

14.5.2   Zitat:

„Der Verkäufer erhält zur Sicherung seiner Gewährleistungsansprüche
von den am Bau beteiligten Unternehmen und Handwerkern jeweils
eine Bankbürgschaft ... Der Verkäufer tritt dem Käufer hiermit zur
Sicherheit, für den Fall, dass er seinen Gewährleistungspflichten nicht
nachkommt, seinen entsprechenden Anspruch gegen die Unterneh-
mer und Handwerker einschließlich Bürgschaft ab."

Also: Derartige Klauseln streichen, da eine Blabla-Klausel.

14.5.3 Zitat:

„Im Übrigen gelten für die Gewährleistungspflicht des Verkäufers die Bestimmungen der VOB Teil B § 13 gemäß Urkunde vom ... – URKNr. ... / ..." Usw.

Also: Eine wichtige Klausel und gut, dass diese im Vertrag festgeschrieben ist. Aber: Die VOB/B.§ 13 besagt weiter:

„Der Auftragnehmer übernimmt die Gewähr, dass seine Leistung zur Zeit der Abnahme die vertraglich zugesicherten Eigenschaften hat, den anerkannten Regeln der Technik entspricht und nicht mit Fehlern behaftet ist." Usw.

Nun, was macht der Bauherr, wenn der Vertragsgegenstand doch mit Fehlern behaftet ist, die der Auftragnehmer (meistens ist es so) nicht anerkennt?

Um den Auftragnehmer zur Beseitigung der Mängel zu zwingen oder Wertminderung zu erhalten, braucht der Bauherr von dem Auftragsnehmer eine

Bankbürgschaft in Höhe von 5 % des Kauf- bzw. Baupreises.

Schließlich hat der Vertragsnehmer auch von den am Bau beteiligten Unternehmern und Handwerkern eine Bankbürgschaft in Höhe von 5 % des Auftragspreises. Die Bankbürgschaft ist dann aber dem Bauherrn auszuhändigen.

Diese Bankbürgschaft ist erst dann notwendig, wenn die letzte Vertragsrate fällig ist, und läuft dann aus, wenn gemäß der VOB/B. § 13 die Gewährleistung, normalerweise nach zwei Jahren, endet.

Aber: Ich las in einer Zeitung, dass, gemäß einem Urteil des

Bundesgerichtshofes, ein Architekt für sein Bauvorhaben fünf Jahre haftet. Also müsste man die Bankbürgschaft fünf Jahre behalten können.

Der Bauherr sollte die Gewährleistungspflicht nach BGB §638 „Kurze Verjährung" verlangen, und diese endet normalerweise nach fünf Jahren. Normalerweise, da z. B. bei einer gerichtlichen Auseinandersetzung die Gewährleistungszeit entsprechend verlängert werden kann.

Also: Eine entsprechende Klausel zur „Gewährleistungspflicht" gemäß VOB/B §12 „Abnahme" und §13 „Gewährleistung" und gemäß BGB §638 „Kurze Verjährung" und §640 „Abnahme" in den Vertrag einbauen lassen.

14.6   In den Vertrag Klauseln einbauen lassen

14.6.1   Zur Schlussabnahme des Hauses durch das Bauaufsichtsamt!

Die Aushändigung der Schlussabnahme-Bescheinigung durch das Bauaufsichtsamt garantiert nicht die im Hinblick auf vertragliche Pflichten ordnungsgemäße Erstellung des Bauvorhabens. Das zu überprüfen ist Sache des Bauherrn, da das eine Angelegenheit des Privatrechtes ist.

Dies muss ein Bauherr unbedingt zur Kenntnis nehmen. Bei dieser amtlichen Schlussabnahme soll auch der Bauherr anwesend sein.

Also: Eine entsprechende Klausel zur Schlussabnahme des Hauses durch das Bauaufsichtsamt in Anwesenheit des Bauherren in den Vertrag einbauen lassen.

14.6.2   Beseitigung der Mängel nach der Schlussabnahme!

Alle noch festgestellten Mängel (Beanstandungen) bei der Schlussabnahme müssen innerhalb von vier Wochen beseitigt werden.

Also: Eine entsprechende Klausel in den Vertrag einbauen lassen.

14.6.3   Rechtswirksamkeit der Schlussabnahme!

Die Rechtwirksamkeit der Schlussabnahme tritt vier Wochen nach derselben in Kraft, aber unter der Voraussetzung, dass die in der Niederschrift-Abnahme aufgelisteten Mängel tatsächlich beseitigt sind. Ist das nicht der Fall, verlängert sich die Frist automatisch, bis die Mängel beseitigt sind.

Erst nachdem sich der Bauherr von der Beseitigung der Mängel überzeugt hat, unterschreibt er die Niederschrift und erst damit wird die Schlussabnahme rechtswirksam.

Also: Eine entsprechende Klausel in den Vertrag einbauen lassen.

14.6.4   Der Bauherr muss dem Vertragsnehmer binnen 8 Tagen nach der Rechtswirksamkeit der Schlussabnahme alle noch zum Vorschein gekommenen Mängel melden!

Nach dem Eintritt der Rechtswirksamkeit der Schlussabnahme muss der Bauherr der Vertragsbaufirma, binnen 8 Tagen, die noch zum Vorschein getretenen Mängel / Beanstandungen schriftlich mitteilen. Geschieht das nicht, sind spätere Beanstandungen, die bei der Schlussabnahme nicht zum Vorschein kamen, gegenstandslos.

Diese Frist von 8 Tagen setzt den Bauherrn unter Zwang, den

Vertragsgegenstand nochmals genau zu prüfen. Die Behauptung der Baufirma, dass dafür nach der VOB/B § 13.bzw. BGB einige Jahre Zeit ist, gibt nur ihr Vorteile, da die ausführende Firma dann womöglich nicht mehr existiert.

Also: Eine entsprechende Klausel in den Vertrag einbauen lassen.

14.6.5 Fertigstellungstermin nicht eingehalten

Im 14. Schritt – Pkt. 14.2.5 berichtete ich über die Verzögerungen des Bauvorhabens, die durch Witterungseinflüsse entstehen können, und dass diese nicht zu Lasten des Verkäufers gehen sollen. Die Klausel ist so zu verstehen, dass diese zu Lasten des Käufers gehen.

Immer wieder kommt es vor, dass eine Baufirma, aus welchen Gründen auch immer, den Fertigstellungstermin nicht einhält. Der Bauherr hat jedoch seine bisherige Wohnung zum Fertigstellungstermin bereits gekündigt oder auch verkauft. Da der Bauherr jetzt ohne Wohnung dasteht, zieht er in seiner Not womöglich in das noch nicht fertige Haus oder die Wohnung, mit all den Folgen, die sich daraus ergeben, und zum Vorteil der Baufirma.

Man steht besser da, wenn man sich nicht auf den von der Baufirma genannten Termin verlässt, sondern den Einzug in das neue Haus/die Eigentumswohnung für spätere Zeit einplant (man muss das ja der Baufirma nicht mitteilen) und bis zur Fertigstellung des Vertragsgegenstandes in der alten Wohnung bleibt oder eventuell in ein Hotel zieht und die Möbel lagern lässt. Daher sollte sich der Bauherr die daraus entstehenden Unkosten für z. B. Hotel, Miete, Lagerung der Möbel usw. von der Baufirma vertraglich ersetzen lassen.

Also: Eine entsprechende Klausel in den Vertrag einbauen lassen.

15. Schritt

Sonderwünsche

Wie ich schon im 6. Schritt berichtete: Wünscht sich der Bauherr eine bessere Ausführung (Ausstattung) des Vertragsgegenstandes, so nennt man diese Wünsche „Sonderwünsche".

Sonderwünsche entweder in eigener Leistung ausführen oder in eigener Regie von den am Bau beteiligten Unternehmern / Handwerkern ausführen lassen. Solche Ausführungen sind in der Regel viel billiger als eine Ausführung durch den Vertragsnehmer (Baufirma). Hierzu bedarf es meistens einer Einverständniserklärung seitens der Baufirma, mit einer Auflistung aller am Bau beteiligten Unternehmen / Handwerkern.

Also: Eine entsprechende Klausel die Sonderwünsche betreffend einbauen lassen.

16. Schritt

Notar? Unterzeichnung des Grundstückskauf- bzw. Bauvertrages?

Einen Termin beim Notar erst dann festlegen und den Vertrag unterschreiben, wenn dieser in doppelter Ausführung, versiegelt und komplett dem Bauherrn vorliegt. Denn so ist garantiert, dass der Vertrag in dieser Form dem Käufer/Bauherrn in jedem einzelnen Punkt vorlag und bekannt ist, und somit kann er nicht mehr verändert werden.

Der unterzeichnete Vertrag sollte auch gleich dem Käufer/Bauherrn ausgehändigt werden, und nicht, wie das in meinem Falle geschah, mit der Post zugestellt.

Nun steht fest, es wird ein Haus gebaut! Ein in allen Klauseln durchgearbeiteter Grundstückskaufvertrag bzw. Bauvertrag liegt vor und das ohne Bedenken.

Den Termin beim Notar bestellt meistens der Vertragsnehmer, die Baufirma. Aber Vorsicht ist geboten! Den Grundstückskaufvertrag bzw. Bauvertrag nicht bei dem vom Vertragsnehmer vorgesehenen Notar abschließen. Dieser ist möglicherweise ein Freund desselben, könnte so befangen und daher zum Nachteil des Bauherrn tätig sein.

Besser ist, den Vertrag bei einem neutralen Notar abzuschließen, z. B. bei einem mit Sitz in einer anderen Stadt.

17. Schritt

Schlussabnahme des Hauses durch den Bauherrn?

Die Bauzeit des ersehnten Traumhauses ist ruhig und vielleicht mit viel Freude schnell vergangen. Nun kommt die Zeit der Schlussabnahme des Vertragsgegenstandes. Wenn das Haus soweit von der Baufirma als bezugsfertig angesehen wird, wird dem Bauherrn der Abnahme-Termin schriftlich mitgeteilt. Die Abnahme regeln auch die Bestimmungen der

VOB/B.§ 12 „Abnahme",

die in meinem Grundstückskaufvertrag nicht erwähnt ist. Eine entsprechende Klausel zu der Verordnung sollte in einen Bauvertrag eingebaut werden. Hierzu siehe auch im 14. Schritt – Pkt. 14.5.3.

Diese Verordnung sagt, dass eine Schlussabnahme erst dann durchzuführen ist, wenn der Vertragsgegenstand in vollem Umfang, dem Vertrag entsprechend, erstellt ist.

Findet die Schlussabnahme in der Zeit statt, wo noch ausstehende Arbeiten zu erledigen sind, so besteht für den Bauherrn die Gefahr, dass er für eine längere Zeit in einer Baustelle wohnen muss. Lärm, Dreck, Gestank usw. muss er dann dulden bzw. ertragen.

Schließlich ist das Vertragsobjekt (Haus) gemäß VOB/B § 12 noch nicht in vollem Umfang zur Abnahme fertig gestellt, und so kann es auch nicht abgenommen werden. Bei eventueller Abnahme des noch nicht vollständig erstellten Vertragsobjektes läuft die Gewährleistung zum Vorteil des Vertragsnehmers (Baufirma) und zum Nachteil des Vertragsgebers (Bauherrn).

Mein Haus, eine Doppelhaushälfte, war gemäß VOB/B § 12 noch nicht fertig gestellt, und so habe ich die Abnahme des Hauses verweigert.

Ist das Haus gemäß VOB/B § 12 mängelfrei fertig gestellt, so muss die Abnahme am festgelegten Tag stattfinden. Nach der Abnahme muss der Vertragsgeber (Bauherr) die letzte Kaufpreis- bzw. Baurate an den Vertragsnehmer (Baufirma), überweisen.

Die Gewährleistungszeit von 2 Jahren bzw. 5 Jahren läuft. In der Zeit gehen viele Baufirmen in Konkurs, oder so wie in meinem Falle wollte die Baufirma nichts von Mängeln wissen und schrieb sogar an das Landgericht:

> *„Ein Haus wurde bestellt und ein Haus wurde vollständig fertig gestellt. Es sind keinerlei Arbeiten mehr zu entrichten!"*

Da die Baufirma Mängel nicht beseitigen wollte, blieb mir nur eine Möglichkeit, mich zur Wehr zu setzen, nämlich die letzte Kaufpreisrate in Höhe von 5.227,00 Euro nicht zu überweisen. Die Geschäftsleute der Baufirma wurden wütend und begannen mich mit Mahnungen und mithilfe von Rechtsanwälten, Gerichtsvollziehern, Gerichten zu terrorisieren.

Das alles, wie es weiter abgelaufen ist, berichte ich in meinem Buch unter dem Titel: Traumhaus?

Um die Garantiezeit nach einer Abnahme des Hauses abzusichern, wie ich hier bereits im 14. Schritt – Pkt. 14.5.3 darüber berichtete, und den Auftragnehmer zur Beseitigung der Mängel zu zwingen oder Wertminderung zu erhalten, braucht der Bauherr von dem Auftragsnehmer unbedingt:

> *Eine Bankbürgschaft in Höhe von 5 % des Kauf- bzw. Baupreises.*

Die Bankbürgschaftsurkunde soll gegen einen Verrechnungsscheck in Höhe der letzten Kaufpreisrate bzw. Baupreiszahlung ausgetauscht werden. Die Bankbürgschaft läuft dann erst aus, wenn gemäß der

VOB/B.§ 13.„Gewährleistung" – nach 2 Jahren

bzw. nach

BGB.§ 638 – nach 5 Jahren

alle Mängel beseitigt sind, sonst läuft die Garantiezeit weiter.

Die Schlussabnahme des Hauses sollte auch erst dann erfolgen, wenn der Abnahme-Schein des Bauaufsichtsamtes bzw. Bauamtes dem Bauherrn vorliegt. Enthält dieser Schein die Bemerkung, dass es Abweichungen von der Baugenehmigung oder von den baurechtlichen Bestimmungen gibt, so sind diese bis zur Schlussabnahme (Bauherr/Baufirma) zu beseitigen oder abzuklären.

Beinhaltet der Abnahmeschein des Bauaufsichtsamtes z. B. die folgende Bemerkung:

„Die bauliche Anlage kann entsprechend der erteilten Genehmigung genutzt werden",

so ist der Vertragsgegenstand theoretisch als bezugsfertig anzusehen. Theoretisch, weil zum Beispiel das Bauaufsichtsamt der betreffenden Stadt als Rechtsgrundlage der Schlussabnahme den § 96 Abs. 3 der Bauordnung (des zuständigen Landes) vom ... ansieht und nur die öffentlich-rechtliche Seite der Bauüberwachung übernimmt.

Die Aushändigung der Schlussabnahme-Bescheinigung garantiert nicht die im Hinblick auf vertragliche Pflichten ordnungsgemäße Erstellung des Bauvorhabens. Das zu überprüfen ist Sache des Bauherrn, da das eine Angelegenheit des Privatrechtes ist. Dies jedenfalls teilte mir das Bauaufsichtsamt meiner Stadt mit.

Wie ich schon berichtete, bei der Schlussabnahme des Hauses durch das

Bauaufsichtsamt sollte auch der Bauherr anwesend sein, damit er sich auch überzeugen kann, was und wie besichtigt wurde.

Die Behauptung des Vertragsnehmers, dass das Haus ohne Beanstandungen durch das Bauaufsichtsamt abgenommen wurde, besagt also nicht, dass das Haus (Vertragsgegenstand) einwandfrei erstellt ist. Darüber berichte ich auch im 14. Schritt – Pkt. 14.6.1.

Ist der Vertragsgegenstand wirklich erstellt, sollte man mindestens einen Tag vor der Schlussabnahme (Baufirma/Bauherr) mit einem neutralen Fachmann der Baubranche eine Besichtigung (Begehung des Hauses) vornehmen und alle Beanstandungen notieren.

Die Schlussabnahme sollte von den Vertragsparteien gemeinsam vorgenommen werden. Hierbei sollten in einer Niederschrift alle Beanstandungen, ob anerkannt oder nicht, festgehalten werden. Nur so lässt sich vermeiden, dass später, falls der Sachverständige eine Beanstandung doch als rechtens anerkennt, die Baufirma behauptet, dass der Bauherr bei der Abnahme des Hauses diese ohne zu rügen hingenommen hätte. Denn so verliert der Bauherr das Recht auf Nachbesserung der Mängel bzw. auf die Kosten der Nachbesserung.

Die Niederschrift der Abnahme ist, nach Begehung des Vertragsobjektes, noch nicht unterschriftsreif, es sei denn, es gibt keine Beanstandungen. Sie ist erst dann unterschriftsreif, wenn alle Beanstandungen beseitigt sind. Darüber berichte ich auch im 14. Schritt – Pkt. 14.6.2.

Die Rechtswirksamkeit der Schlussabnahme tritt erst in Kraft, wenn alle in der Niederschrift-Abnahme aufgelisteten Mängel tatsächlich beseitigt sind. Sonst verlängert sich die Frist automatisch, bis die Mängel beseitigt sind. Erst nachdem sich der Bauherr von der Beseitigung der Mängel überzeugt hat, unterschreibt er die Niederschrift, und erst jetzt ist die Schlussabnahme rechtswirksam. Darüber berichte ich auch im 14. Schritt – Pkt. 14.6.3.

Erst jetzt ist die Fertigstellung und die Bezugfertigkeit durch den Bauherrn anerkannt. Er kann erst jetzt die Hausschlüssel in Empfang nehmen und das Haus bzw. die Eigentumswohnung beziehen.

Wenn dem Bauherrn keine Bankbürgschaft von der Baufirma vorliegt, so ist erst jetzt die letzte Kaufpreisrate bzw. Baupreiszahlung fällig. Überweist der Bauherr diese Zahlung, so bleibt er ohne Garantie, dass die Baufirma irgendwelche Beanstandungen ernst nimmt.

Nach dem Eintritt der Rechtswirksamkeit der Schlussabnahme muss der Bauherr der Vertragsbaufirma, binnen 8 Tagen, die noch zum Vorschein getretenen Mängel / Beanstandungen schriftlich mitteilen. Geschieht das nicht, sind spätere Beanstandungen, die bei der Schlussabnahme vorhanden waren, jedoch nicht zum Vorschein kamen, gegenstandslos. Darüber berichtete ich schon.

Ebenso wichtig ist, dass schon bei einer Übergabe des Haus- bzw. Wohnungsschlüssels alle Versorgungszähler, wie Wasser, Strom, Gas usw., abzulesen sind und die Daten in der Abnahmeniederschrift festgehalten werden.

Der Verbrauch von Wasser, Strom, Gas usw. während der Bauzeit geht nämlich zu Lasten der Baufirma, andernfalls gehen die Kosten zu Lasten des Bauherrn.

Die Feuerversicherung für den Vertragsgegenstand schließt meistens die Baufirma ab, meistens für einige Jahre. Natürlich bei der Gesellschaft, die ihr die beste Prämie zahlt, was aber für den Bauherrn nicht unbedingt günstig ist. Diese Versicherung kann innerhalb von drei Monaten nach der Eigentumsumschreibung gekündigt werden, und man kann dann bei einer anderen günstigeren Versicherungsgesellschaft einen neuen Vertrag abschließen.

Im 14. Schritt – Pkt. 14.6.5 „Fertigstellungstermin nicht eingehalten" berichtete ich, dass man sich nicht auf den von der Baufirma genannten

Termin verlassen, sondern den Einzug in das neue Haus für später einplanen sollte. Erst dann sollte man einziehen, wenn der Vertragsgegenstand vollständig fertig gestellt ist. So findet der Bauherr seine Ruhe, ohne Besuche der Handwerker auf der „Baustelle", wie das Haus dann immer noch bezeichnet wurde.

Schlusswort!

Ich hoffe, dass ich die „Schritte zum eigenen Heim – Tipps und Empfehlungen für zukünftige Bauherren!" deutlich genug beschrieben habe, wie der Weg zum eigenen Heim aussehen sollte bzw. sicher anzutreten ist und mit viel Freude zum gewünschten Ziel ankommt. Hier geht es um Erfüllung eines Traumes, die viel Geld kostet.

Wenn man was fürs Leben, und das für viel Geld, kaufen will, so muss man sehr, sehr vorsichtig sein.

Also: Der Träumer vom eigenen Heim muss vorsichtig und noch einmal vorsichtig sein, wenn das Eigenheim ihm viel Freude im Leben bringen soll.

Natürlich wird es schwierig sein, all meine Empfehlungen in die Hausbauvertragsabwicklung einzubringen, denn die Vertragsnehmer, meist Immobilienmakler, wollen oftmals nicht zu viele Pflichten und Verantwortung mit einem solchen Vertrag auf sich nehmen.

Ein seriöser Vertragsnehmer jedoch würde davor nicht zurückscheuen, denn er hat ja nichts zu befürchten. Vor den anderen aber sollte man sich hüten, denn diese meinen es oftmals nicht ernst mit dem Bauherrn, sondern wollen lediglich, mit betrügerischer Absicht, möglichst schnell und einfach an das Geld des Bauherrn kommen, das er bei einer Bank geliehen hat.